GÉDÉON PROGRAMMES, BAC FILMS,
GLACIALIS PRODUCTIONS
in Zusammenarbeit mit
France 2 CINÉMA und L'OFFICE NATIONAL DU FILM CANADIEN
präsentieren
mit Beteiligung von
CANAL+,
LE CENTRE NATIONAL DU CINÉMA FRANÇAIS
TÉLÉFILMS Canada
Films Séville
Concorde Film

DER WEISSE PLANET

Drehbuch:
Thierry PIANTANIDA und Stéphane MILLIÈRE
Regie:
Thierry RAGOBERT und Thierry PIANTANIDA
unter Mitwirkung von Jean LEMIRE
Musik:
Bruno COULAIS

Herstellungsleiter:
Stéphane Millière, Jean Labadie, Jean Lemire
Ausführende Produzenten:
Jean-Pierre Saire, Josée Roberge, Lucille Veilleux
Produktionsleiter:
Thierry Machado, Martin Leclerc
Produktionsleiter für Unterwasseraufnahmen:
David Reichert
Produktionsleiter für Makroaufnahmen:
John Jackson, Véronique Kleiner
Kamera Post-Produktion:
Romain Winding

Bei unserer Recherche zu den Inuit-Legenden auf den Seiten 13, 17, 23, 29, 49 und 53 arbeiteten wir eng mit der Gesellschaft Inuksuk/Espace Culturel Inuit zusammen und danken ihr für die freundliche Unterstützung.
http://espace.inuit.free.fr

Bibliografische Information Der Deutschen Bibliothek
Die Deutsche Bibliothek verzeichnet diese Publikation in der Deutschen Nationalbibliografie;
detaillierte bibliografische Daten sind im Internet über http://dnb.ddb.de abrufbar.

Die Originalausgabe erschien unter dem Titel *La Planète Blanche* bei naïve livres, Paris
Grafische Gestaltung: Les Associés réunis, Paris
Linolschnitte: Philippe Roux
Übersetzung aus dem Französischen: Dr. Cornelia Panzacchi für bookwise, München
Satz und Redaktion der deutschen Ausgabe: Gerdi Killer für bookwise, München

Printed in Belgium by Proost
www.gerstenberg-verlag.de
ISBN 10: 3-8067-5128-5
ISBN 13: 978-3-8067-5128-4

06 07 08 09 10 5 4 3 2 1

Mixed Sources
Product group from well-managed forests and other controlled sources
www.fsc.org Cert no. SGS-COC-2086
© 1996 Forest Stewardship Council

Dieses Buch wurde auf Arctic the Volume gedruckt.
Arctic Paper besitzt das FSC Produktkettenzertifikat.

DER WEISSE PLANET

nach dem Film von
Thierry Ragobert und Thierry Piantanida
Text von Françoise de Guibert

GERSTENBERG VERLAG

DIE ARKTIS LEBT!

Die Arktis ist eine einzigartige Welt aus Eis und Licht. Wer sie zum ersten Mal für sich entdeckt, verspürt augenblicklich das Bedürfnis, sie zu schützen. Als wir 2002 bei den Dreharbeiten für einen Film über eine große Expedition die Meere nördlich von Kanada mit einem Dreimaster befuhren, bekamen wir Lust darauf, einen Kinofilm über den hohen Norden, seine einzigartige Tierwelt und seine außergewöhnlichen Landschaften zu machen.

An, unter und in dem Eis leben unzählige Arten von Pflanzen und Tieren, angefangen von den Algen, die unter dem Packeis wachsen, bis hin zu den Eisbären, die auf ihm jagen. Der kurze Sommer befreit das Nordpolarmeer teilweise von seinem Eispanzer. Dann wimmelt es im Wasser nur so von Plankton. Gleichzeitig schmilzt in der Tundra der Schnee, und sie wird zur größten Weide der Welt. Die Arktis verwandelt sich nun in eine unerschöpfliche Speisekammer, in der sich nicht nur ihre ständigen Bewohner satt fressen können, sondern auch die unzähligen Wanderer, die von allen Kontinenten in den hohen Norden strömen. Ein Festschmaus beginnt.

Tausende von Tieren erblicken im arktischen Sommer das Licht der Welt. Doch um so groß und kräftig zu werden, dass sie die kräftezehrende Herbstwanderung in südlichere Regionen oder den eisigen Winter überstehen können, bleiben ihnen nur wenige Wochen.

Auf dem Packeis begegneten wir dem Eisbären. Wir waren überrascht von seiner Kraft, aber auch von seiner List und Eleganz – und darüber, wie zärtlich die Eisbärmutter mit ihren Jungen umgeht. Wir bewunderten den Mut der jungen Rentiere auf ihrer gefährlichen Wanderung durch die Tundra, und wir spielten Verstecken mit den Walen.

Bei der Umsetzung unseres Projekts arbeiteten wir nicht nur mit den besten Filmemachern, sondern auch mit den Inuit zusammen, den Menschen, die die Arktis bewohnen. Dies ist zweifellos der erste Film, der die arktische Tierwelt ein ganzes Jahr lang begleitet – vom Einbruch des Winters, durch die lange Polarnacht und den kurzen Sommer hindurch bis zum Ende des Herbstes.

Wissenschaftler weisen schon heute warnend darauf hin, dass sich die Arktis in zunehmendem Maße erwärmt. Gegen Ende dieses Jahrhunderts könnte das Eis am Nordpol vollkommen geschmolzen sein. Was aber soll dann aus den Eisbären, den Robben, den Walrossen, den Vögeln und all den anderen Tieren werden, die ohne das Eis nicht leben können? Diese Frage beflügelte uns dazu, mit unserem Film und mit dem vorliegenden Buch die einmalige Schönheit dieser fernen Welt für alle Zeiten einzufangen.

Die Regisseure Thierry Ragobert und Thierry Piantanida

DIE WELT DER ARKTIS

Die Arktis verändert ständig ihr Aussehen, denn nicht nur ihre Farben und die Ausdehnung des Eises, sondern auch der Artenbestand an Tieren und Pflanzen wechseln im Lauf der Jahreszeiten.

Das Packeis gilt als Inbegriff der Arktis: eine eisige Fläche, so weit das Auge reicht. In Wirklichkeit ist der hohe Norden aber viel abwechslungsreicher, obwohl ihn Frost und Kälte fest im Griff haben. Zwischen der Taiga, der südlichen Grenze der Arktis, und dem Packeis im Norden wechseln Nadelwälder, Ebenen, Täler, Gletscher, Felsen und Meere einander ab.

Eisiger Winter

Im Winter ist die Arktis von Eis und Schnee bedeckt. Die Flüsse frieren zu, alles ist still und dunkel. Die Polarnacht dauert vier Monate und wird nur vom schwachen Widerschein des Mondes und der Sterne auf dem Eis erhellt. Der Winter ist streng und sehr stürmisch. Doch weder Eisbären noch Robben lassen sich vom Packeis vertreiben. In der Tundra graben sich die Lemminge zum Schutz vor der Kälte unter dem Schnee ein, und die Schneehasen rollen sich zu kleinen Fellkugeln zusammen, um sich zu wärmen. Den Polarfuchs tarnt nun sein weißer Pelz, er macht reichlich Beute. Die Moschusochsen drängen sich in der Herde eng aneinander, und die wenigen Pflanzen der Arktis verbringen den Winter – ebenso wie Mücken, Fliegen und andere Insektenarten – in gefrorenem Zustand. Rentiere und Karibus haben sich in die südlichen Nadelwälder zurückgezogen, wo sie Flechten zum Fressen und Schutz vor den beißenden Stürmen finden.

Vorboten des Sommers

Der Frühling dauert wie der Herbst nur wenige Wochen. Rasch werden die Tage länger. Die steigenden Temperaturen veranlassen nun all jene Tiere, die den Sommer in der Arktis verbringen wollen, sich auf den Weg zu machen. Laut schnatternd ziehen Kanadagänse über den Himmel, während sich Rentiere und Karibus in gewaltigen Herden sammeln und nach Norden wandern.

Der kurze Sommer entfaltet ein wahres Feuerwerk an Farben: Schlagartig bedecken unzählige bunte und sehr nahrhafte Pflanzen den Boden der Tundra. Sie bieten den nach der langen Wanderung ausgezehrten Tieren üppige Weidegründe.

In der zuvor so stillen Welt wird es nun laut: Eisschollen brechen auseinander, Gletscher kalben, rauschende Bäche aus Schmelzwasser schießen dahin, im Packeis öffnen sich breite Spalten. Dort, wo die Eisdecke über dem Meer wegtaut, gehen Meeressäuger und Vögel auf die Jagd. Nun zwängen sich große Wale in die neu entstandenen Kanäle, um sich an kleinen Krebstieren satt zu fressen.

Kennzeichen der Arktis

Mit dem Begriff „Arktis“ bezeichnet man die Region nördlich des Polarkreises. Dazu zählen das zum großen Teil von Packeis bedeckte Nordpolarmeer mit der Barentssee, der Beaufortsee und anderen Meeren, verschiedene Inseln wie Grönland, die Ellesmere-Insel oder Nowaja Semlja sowie die nördlichsten Teile Europas, Asiens und Nordamerikas. Außer der Lage kennzeichnen auch besondere Eigenschaften die Arktis: Die Höchsttemperatur im Juli beträgt zehn Grad Celsius, es wachsen keine Bäume, und hier leben ganz bestimmte Tierarten. Allerdings ändert sich die Tierwelt je nach Jahreszeit. Im Frühling kommen viele Arten, um das Futterangebot zu nutzen, und im Herbst fliehen sie dann wieder vor der zunehmenden Kälte des Winters.

Die Arktis ist groß, und Begegnungen sind selten – es sei denn, man kreuzt den Weg einer Rentierherde, stößt überraschend auf eine Wal-Versammlung oder gerät an einen Treffpunkt von Sattelrobben.

Sibirien
Nordpolarmeer
Nordpol
llesmere-
nsel
Grönland
Spitzbergen
Skandinavien

Der Polarfuchs und der Kolkrabe

Zu Anbeginn der Zeiten herrschte auf der Erde Dunkelheit. Die Polarnacht dauerte ewig an. Damals sprachen die Menschen und die Tiere noch dieselbe Sprache. Unter den ersten Bewohnern der Erde waren *tiriganiaq*, der Polarfuchs, und *tulugaq*, der Kolkrabe. Die beiden waren miteinander zerstritten. Dem Fuchs, der nachts jagte, konnte die ewige Dunkelheit nur recht sein. Sein weißes Fell machte ihn auf dem Eis unsichtbar, und so vermochte er sich unbemerkt an die Fleischvorräte der Menschen heranzuschleichen und sie zu plündern. Deshalb schrie der Polarfuchs unaufhörlich: „*Taaq, taaq,* Dunkelheit, Dunkelheit!“ Der Rabe hasste die Dunkelheit. Er konnte nämlich nachts nichts sehen und stieß im Flug häufig gegen Eisberge und andere Hindernisse.

Eines Tages, oder besser gesagt: eines Nachts, begegnete der Kolkrabe dem Polarfuchs, der wie so oft gerade wieder einmal: „*Taaq, taaq,* Dunkelheit, Dunkelheit!“ schrie. Als er das hörte, wurde der Vogel furchtbar wütend: „Polarfuchs, sei endlich still! Denn jetzt schreie ich einmal, und zwar: *qau, qau,* Licht, Licht! Die Nacht hat lange genug gedauert, jetzt soll es endlich Tag werden!“ Doch der Polarfuchs wollte nicht klein beigeben und kläffte: „Nein, natürlich soll es weiter Nacht bleiben! Nacht, Nacht!“ Der Kolkrabe erwiderte sogleich: „Nein, Tag!“, und der Polarfuchs schrie: „Nacht!“ Ihr Streit wäre wohl bis zum Ende der Zeiten weitergegangen, wenn der Vogel nicht eine Idee gehabt hätte. „Höre auf meine Worte“, sprach er feierlich. „Das Licht und die Dunkelheit mögen auf der Erde einander abwechseln. Jedes soll kommen, dann aber jeweils vom anderen wieder abgelöst werden, und so soll es sein, für alle Zeit.“ Wie der Kolkrabe es sagte, geschah es. Zum ersten Mal folgte auf die Dunkelheit der Tag, dann kam die Nacht, und so ging es immer fort.

DIE JÄGER DER ARKTIS

Je nach Jahreszeit mit braunem oder weißem Fell durchstreifen Wolf und Polarfuchs ihre Reviere auf der Suche nach Beute: einem Lemming, einem dicken Lummenei oder den Überresten der Mahlzeit eines Eisbären.

DER POLARFUCHS

Dieses auch Eisfuchs genannte Tier gehört zur Familie der Hundeartigen (Wölfe, Kojoten, Füchse, Schakale). Sein wissenschaftlicher Name lautet *Alopex lagopus*. Mit einem Gewicht von fünf bis sechs Kilogramm, einer Körperlänge von 90 Zentimetern und dem 30 Zentimeter langen buschigen Schwanz ist der Eisfuchs etwas kleiner als der Rotfuchs.

Tarnfarben

Der Polarfuchs lebt in arktischen Regionen rings um den Nordpol und ist mit den kleinen Ohren und der kurzen Schnauze hervorragend an die Kälte angepasst. Im Schnee tarnt ihn sein Fell, das den Winter über weiß und sehr dicht ist. Im Frühjahr wird es dünner und färbt sich braun. In der kalten Jahreszeit folgen die Polarfüchse heimlich den Eisbären. Sobald diese von den Robben ablassen, die sie erlegt haben, machen sich die Füchse darüber her. Im Sommer ernähren sie sich von Vogeleiern und Lemmingen. Je mehr Lemminge es gibt, desto größer wird auch der Bestand an Polarfüchsen.

DER WOLF

Die arktische Unterart des Wolfes mit dem hellen, fast weißen Fell ist auf der nördlichen Halbkugel weit verbreitet. Sie wird etwas kleiner als die in südlicheren Regionen lebenden Unterarten: Die Männchen wiegen bei einer Körperlänge von etwa 1,45 Meter zwischen 25 und 80 Kilogramm. Ihr wissenschaftlicher Name lautet *Canis lupus arctos*.

Jagd im Rudel

Wölfe leben in Rudeln mit fünf bis zwölf Artgenossen. Große Beute jagen sie stets gemeinsam, da ein einzelner Wolf kaum die Chance hätte, ein Rentier oder einen Moschusochsen zu erlegen. Meist suchen sich die Wölfe ein krankes oder junges Tier aus und versuchen es von der Herde abzudrängen. Ebenso gut können sie sich aber auch mit kleinerer Beute begnügen, etwa Schneehasen oder Lemmingen. Letztere spüren sie unter dem gefrorenen Schnee auf und fangen sie, indem sie auf die Schneedecke springen, um diese aufzubrechen. Einzelne Wölfe leben in der Regel im Verborgenen.

Oben: Der Polarfuchs trägt im Winter ein weißes Fell und ist eher rundlich. Im Frühjahr bekommt er ein bräunliches Fell und eine schlankere Gestalt.
Unten: Auch der Wolf besitzt im Winter einen weißen Pelz, der im Lauf des Frühlings bräunlich wird.

Die Bärin, die zum Sternbild wurde

Fern von hier, in einer Welt aus Schnee und Eis, lag das Reich des Eisbären. Die Menschen achteten ihn, weil er weise und stark war, fürchteten aber auch seine Wutausbrüche. Eines Tages stritt eine Frau mit ihrem Mann. In ihrem Zorn beschloss sie, ihn auf der Stelle zu verlassen und davonzulaufen. Nach einer langen Wanderung kam sie zu einem Iglu, in dem eine Mutter und ihre beiden Kinder lebten. Sie nahmen die Frau freundlich auf und luden sie ein, mit ihnen zu essen. Die Frau freute sich über die Gastfreundschaft, auch wenn ihr die Familie seltsam vorkam. Vor dem Iglu hatte sie weder Schlitten noch Hunde gesehen, und obwohl kein Mann da war, lag auf dem Boden eine erlegte Robbe. Trotz aller Zweifel setzte sie sich und begann das Fleisch der Robbe zu essen. Die Kinder beobachteten sie und fragten dann, warum sie sich nicht mehr Speck nähme. Da begriff die Frau, dass sie bei Eisbären gelandet war, die sich durch Zauberei in Menschen verwandelt hatten. Den Eisbären schmeckt der Robbenspeck nämlich wesentlich besser als das Fleisch.

Die Frau bekam Angst und wollte den Iglu sofort verlassen. Die Bärin ließ sie ziehen, machte aber zur Bedingung, dass sie niemandem von der Begegnung erzählte. Die Frau versprach es und lief nach Hause zurück. Dort konnte sie der Versuchung nicht widerstehen, ihrem Mann von ihrem Abenteuer zu berichten. Der spannte sofort seine Hunde vor den Schlitten, befahl seinen Söhnen mitzukommen und lenkte das Gespann zum Iglu der Bärin. Der Geruch und das Gebell der Hunde warnten jedoch die Bären, und sie flohen. Ihre Verfolger hielten Schritt, doch auf einmal geschah etwas Unglaubliches: Die Bären liefen vom Eis direkt in den Himmel hinein, und der Schlitten mit den Männern und den Hunden folgte ihnen immer höher hinauf bis zu den Sternen.

Oben am Firmament wurde die Eisbärin zu *Nanurjuk,* der Schlitten mit dem Hundegespann zu *Qamutirjuk,* und die Jäger wurden zu *Ullirjuk.* Sie alle zusammen bilden das Sternbild des Orion. Seitdem dauert die wilde Verfolgungsjagd an, doch einholen werden die Männer die Bären nie.

DER EISBÄR

Im bläulichen Widerschein des Eises bringt die Eisbärin zwei winzige Junge zur Welt. Sie geht äußerst behutsam mit ihnen um. Den ganzen Winter über weicht sie nicht von der Seite ihres Nachwuchses und säugt ihn regelmäßig.

Ursus maritimus, wie der Eisbär mit wissenschaftlichem Namen heißt, ist der König der Arktis. Die Menschen, die hier wohnen, die Inuit, nennen ihn *nanuk*. Er gehört zur Familie der Großbären und unterscheidet sich von anderen Bärenarten durch seine hervorragende Anpassung an die eisige Heimat.

Herrscher über das Eis

Von allen Bären sind Eisbären die größten. Sie werden zwischen 2,50 und 3 Meter lang. Die Männchen wiegen 500 bis 700, die Weibchen 350 bis 450 Kilogramm. In Zeiten, in denen die Tiere keine Beute finden, nehmen sie jedoch ab. Eisbären fühlen sich in der Kälte wohl und ertragen Temperaturen bis –50 °C. Ihr dickes Fell besteht aus zwei Lagen. Die 15 Zentimeter langen Deckhaare bedecken den ganzen Körper, bis auf die Nasenspitze. Da sie durchsichtig und hohl sind, übertragen sie das Licht der ultravioletten Strahlen an die darunter liegende schwarze Haut. Sie speichern Wärme und verhindern, dass Körperwärme abgestrahlt wird. Zusätzlichen Schutz bietet die bis zu sieben Zentimeter dicke Fettschicht unter der Haut.

Einsamer Nomade

Eisbären sind Einzelgänger und gehen ihren Artgenossen gewöhnlich aus dem Weg. Nur im Frühjahr zur Paarungszeit wandern sie Hunderte von Kilometern weit, um einen Partner oder eine Partnerin zu finden. Normalerweise trotten Eisbären langsam und schwerfällig durch ihr Reich. Im tiefen Schnee bilden die breiten Pfoten eine Art Schneeschuhe, und wenn es glatt ist, schützen die Krallen und die rauen Ballen davor, dass die Tiere ausrutschen. Wenn die Bären es eilig haben, laufen sie bis zu 32 Kilometer pro Stunde schnell – jedoch nie sehr lange, da es ihnen rasch zu warm wird. Um sich abzukühlen, legen sie sich dann auf das Eis oder gehen ins Wasser.

Eisbären schwimmen hervorragend. Dank ihrer dicken Fettschicht und des wasserundurchlässigen Pelzes können sie stundenlang im eisigen Wasser bleiben. Sie paddeln mit den Vorderbeinen und setzen die Hinterbeine als Ruder zum Steuern ein. Die Bären können sogar tauchen. Dabei verschließen sie ihre Nasenlöcher wie die Robben.

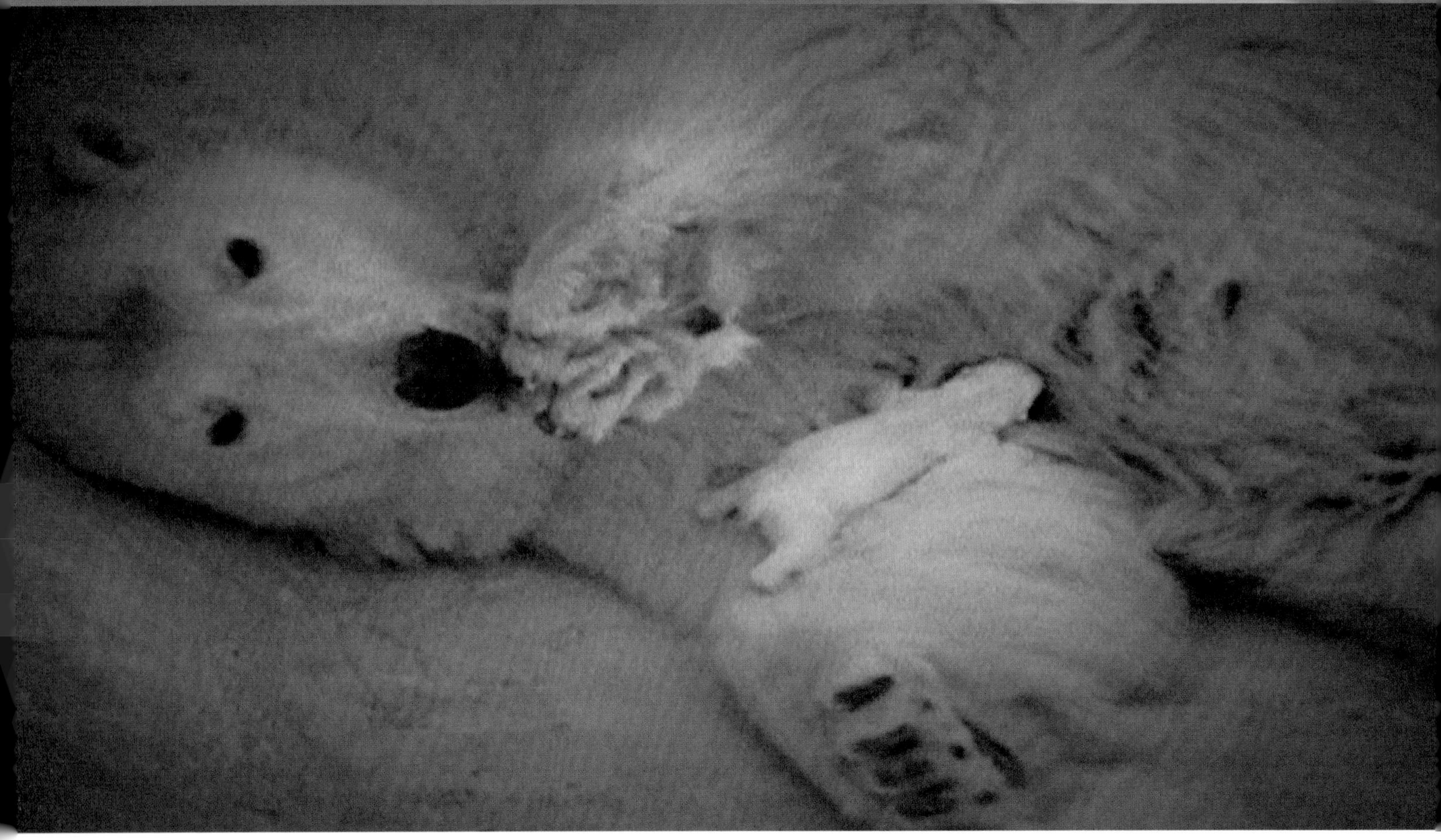

Oben: Der Eisbär ist ein hervorragender Schwimmer. Dabei paddelt er mit den Vorderpfoten, wie ein Hund.
Unten: In ihrer Winterhöhle hat die Eisbärin soeben ihre Jungen auf die Welt gebracht.

Erfolgreiche Robbenjagd

Anders als andere Bären ernährt sich der Eisbär fast ausschließlich von Fleisch. Seine wichtigste Nahrung sind Robben. Diese spürt er vor allem mit dem Geruchssinn auf – sogar über Entfernungen von mehr als 30 Kilometer hinweg und durch eine meterdicke Schnee- und Eisschicht hindurch. Weil die Robben im Wasser zu schnell für ihn sind, lauert er an ihren Atemlöchern auf sie oder wirft sich mit Wucht aufs Eis, um bis zu ihrem Versteck – einer Schneehöhle – durchzubrechen. Doch damit hat er nicht immer Erfolg.

Im Sommer zerfällt das Packeis in Schollen, und die Bären können keine Robben mehr jagen. Dann suchen sie nach Vogeleiern, Lemmingen und Tierkadavern oder müssen von ihren Fettreserven zehren.

Winterlager im Schnee

Die trächtigen Eisbär-Weibchen verbringen den Winter in einem Unterschlupf, den sie zuvor in den Schnee gegraben haben. Während der Sommermonate haben sie tüchtig gefressen und sich genügend Fettreserven angelegt. Diese ermöglichen es ihnen jetzt, einige Monate ohne weitere Nahrungszufuhr auszukommen, ihre Jungen zu gebären und diese zu säugen. Manche Weibchen legen komplizierte Baue an: Ein Tunnel, der auch der Belüftung dient, mündet in eine höher liegende Höhle, in der sich die Wärme besser hält.

Kuschelige Jungen

Im Dezember bringt die Bärin zwei oder drei winzige Junge zur Welt. Sie wiegen kaum mehr als jeweils 500 Gramm, doch dank der nahrhaften Muttermilch sind sie drei Monate später schon zehn bis zwölf Kilogramm schwer. Nun verlassen sie ihren Bau und spielen in der Umgebung. Ihre Mutter muss aber gut auf sie aufpassen, denn umherstreifende Bärenmännchen auf der Suche nach einer Partnerin könnten den Kleinen gefährlich werden. Im April wandert die Bärin mit ihrem Nachwuchs auf das Packeis hinaus. Sie ist sehr hungrig und will endlich wieder Robben jagen.

Ein Jahr später haben die jungen Bären bereits eine beachtliche Größe erreicht, doch erst nach ein oder zwei Jahren verlassen sie ihre Mutter. Nur wenn sie schwer genug sind, um auch eine dickere Eisschicht zu durchbrechen, können sie erfolgreich Robben in ihren Verstecken erbeuten.

Drohende Gefahren

Der einzige Feind des Eisbären ist der Mensch. Der weltweite Bestand an Eisbären wird derzeit auf 21 000 bis 25 000 Tiere geschätzt. Davon leben 40 Prozent in Kanada. Eisbären sind geschützt, und die Jagd auf sie ist streng geregelt. Doch weil sich die Bären viel im Meer aufhalten und andere Meeresbewohner fressen, leiden sie unter der Wasserverschmutzung. Außerdem gefährdet die Klimaerwärmung ihren Lebensraum.

Die Legende von Sedna

In einem Inuitdorf lebte einst ein Mädchen mit seinem Vater. Sedna war schön, und viele junge Männer hielten um ihre Hand an. Doch obwohl sie sympathisch waren, konnte keiner Sednas Herz erwärmen; es blieb kalt wie Eis. An einem Sommermorgen aber kam ein seltsamer junger Mann und sprach: „Schöne Sedna, willst du mich auf meine Insel begleiten? Wir werden sehr glücklich sein. Ich werde für dich jagen, und es wird dir an nichts fehlen.“ Dem Mädchen gefiel der junge Mann, und sie folgte dem Fremden, ohne sich von ihrem Vater zu verabschieden. Doch wie groß war ihre Enttäuschung, als sie die Insel ihres Bräutigams sah! Sie stellte fest, dass er in Wirklichkeit ein Eissturmvogel war. Sein Haus bestand aus Gräten und dünnen Zweigen, und zu essen gab es nur ein paar kleine getrocknete Fische. So vergingen die Tage, und Sedna bereute, stolz und hochnäsig gewesen zu sein. Immer wieder sang sie ein Lied, in dem sie ihren Vater bat, zu kommen und sie zu holen.

Ein Jahr später beschloss der Vater, sich auf die Suche nach seiner Tochter zu machen. Wochenlang fuhr er mit seinem Kajak übers Meer, bis er die Insel fand, auf der sie gefangen gehalten wurde. Überglücklich stieg das Mädchen in sein Boot, und sie fuhren davon, so schnell sie nur konnten.

Doch ihr Ehemann entdeckte Sednas Flucht sehr bald, flog hinter dem Kajak her und entfachte mit seinem Flügelschlag ein Unwetter. Die Wellen wurden immer höher, der Wind wurde heftiger. In seiner Todesangst beschloss der Vater, die Tochter zu opfern, und warf sie kurzerhand ins Meer. Doch Sedna klammerte sich mit all ihrer Kraft an das Kajak. Damit sie es nicht zum Kentern bringen konnte, schnitt der Vater ihre Finger ab. Als diese ins Wasser fielen, verwandelten sie sich augenblicklich in Robben und Wale.

Sedna richtete sich auf dem Meeresboden häuslich ein und wurde zur Göttin des Meeres. Seitdem lässt sie, wenn sie schlechte Laune hat, die Wellen hoch emporschlagen und behält alle Meerestiere ganz in ihrer Nähe, damit die Jäger sie nicht finden können.

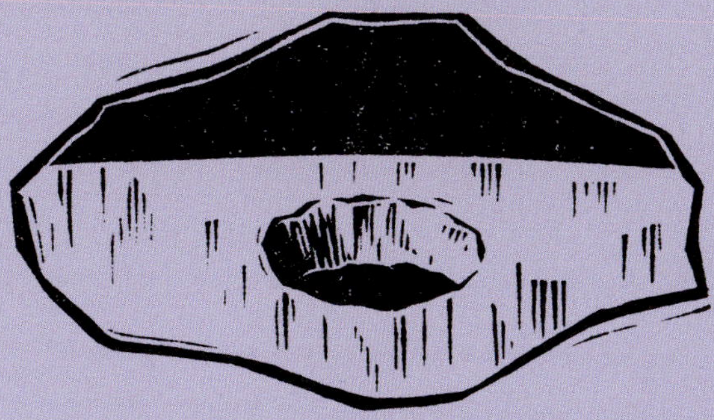

DIE ROBBEN

Auf dem Packeis sieht uns ein Robbenbaby mit großen Augen an. Sein Schicksal scheint besiegelt, denn ein Eisbär hat es soeben entdeckt. In letzter Sekunde taucht die Robbenmutter auf und zieht ihr Junges zu sich ins Wasser.

Die Robben der Arktis zählen zur Familie der Hundsrobben. Sie haben einen stromlinienförmigen Körper, der von glattem Fell bedeckt ist. Ihre flossenförmigen Hinterfüße eignen sich hervorragend zum Schwimmen, während die Krallen an den Vorderfüßen die Fortbewegung auf dem Eis erleichtern. Die langen Tasthaare an der Schnauze und die Augen, die über wie unter Wasser gut sehen, helfen den Tieren beim Beutefang.

Die Sattelrobbe

Sattelrobben werden etwa 150 Kilogramm schwer und 1,60 Meter lang. Sie ernähren sich in erster Linie von Fischen und Krebstieren, können aber auch 250 Meter tief tauchen. Etwa alle 20 Minuten müssen sie zur Oberfläche zurück, um an einem Atemloch Luft zu holen. Genau in diesen Momenten schweben die Robben in größter Gefahr, da an den von ihnen offen gehaltenen Löchern im Eis häufig Eisbären lauern. Neugeborene Robben tragen ein schneeweißes Fell, das sie auf dem Eis gut tarnt. Die Mutter erkennt ihr Junges am Geruch und säugt es etwa zehn Tage lang mit einer äußerst fetten Milch.

Die Eismeer-Ringelrobbe

Mit höchstens 60 Kilogramm Gewicht und 1,30 Meter Länge ist sie die kleinste Hundsrobbe. Bei Wintereinbruch macht ihre Fettschicht etwa 40 Prozent ihres Körpergewichts aus. Ringelrobben wurden auch schon in unmittelbarer Nähe des Nordpols gesichtet und sind damit die am weitesten im Norden vorkommenden Säugetiere der Welt. Im Gegensatz zu anderen Robben sind sie eher Einzelgänger. Die Weibchen bringen ihre Jungen im April in einer Schneehöhle zur Welt und verstecken sich auf diese Weise vor den Eisbären. Die Ringelrobben können etwa 45 Minuten lang tauchen.

Die Klappmütze

Dieser Koloss unter den Hundsrobben wiegt über 320 Kilogramm und kann 2,50 Meter lang werden. Den Namen verdankt dieses Tier einer leuchtend roten Hautblase über der Nase, die nur das Männchen besitzt. Es bläst die Blase während der Paarungszeit in auffälliger Weise auf, um eine Partnerin auf sich aufmerksam zu machen.

Oben: Das Robbenjunge, auch Heuler genannt, hat riesengroße dunkle Augen. Es gewinnt rasch an Gewicht, da die Muttermilch, die es trinkt, äußerst fett und nahrhaft ist.
Unten: Eine junge Klappmütze in ihrer eisigen Heimat.

DAS WALROSS

Von Artgenossen umgeben, genießt ein Walross laut schnarchend ein kleines Nickerchen. Gelegentlich öffnet es die Augen, dreht sich schnaufend um und kratzt sich seinen dicken Leib. Ein wenig später wird es schwimmen gehen.

Das schwerfällig wirkende Tier ist mit den Robben verwandt. Sein wissenschaftlicher Name *Odobenus rosmarus* bedeutet „mit den Zähnen laufen", da es sich mithilfe der Stoßzähne vom Meer aus auf das Eis hochzieht.

Ein Riese auf dem Eis

Walrosse werden zwei bis vier Meter lang und 750 bis über 1000 Kilogramm schwer. Ihr dicker Kopf, der „Schnurrbart" und die langen Stoßzähne sind ihr Markenzeichen. Sie sehen nicht besonders gut, doch die über 300 Tasthaare an der Schnauze helfen ihnen, unter Wasser Beute zu finden und Artgenossen wiederzuerkennen. Die Fettschicht unter der dicken, faltigen Haut isoliert den Körper gegen die arktische Kälte.

Die Stoßzähne der Walrosse bestehen aus purem Elfenbein. Die Tiere benutzen sie während ihrer blutigen Rivalenkämpfe zur Paarungszeit. Dagegen dienen sie nicht, wie man früher glaubte, dazu, nach Muscheln im Meeresboden zu graben. Stattdessen lösen Walrosse die Muscheln mit der Schnauze von ihrer Unterlage und saugen sie dann mit dem Maul förmlich ein.

Gesellige Tiere

Walrosse leben in großen Herden, stets in unmittelbarer Nähe zum Wasser, um den Bewegungen des Packeises zu folgen. Wenn sie gerade einmal nicht auf Beutefang im Wasser sind, ruhen sie sich auf dem Eis oder an felsigem Land aus, kratzen sich gegenseitig und lassen sich die Sonne auf die Haut scheinen. Da sie immer in großen Gruppen leben, entdecken sie Fressfeinde meist rechtzeitig. Sollte sich ein Eisbär an sie heranwagen, nehmen die erwachsenen Tiere ihre Jungen in die Mitte und verteidigen sich entschlossen.

Tonnenweise Liebe

Walrosse vollführen ihr Liebesspiel im Wasser. Hier sind sie in ihrem Element und bewegen sich für ihre Körpermasse überraschend anmutig und gewandt. 15 Monate später bringen die Weibchen je ein Junges zur Welt, das bei der Geburt bereits 1,30 Meter lang ist. Die Mutter kümmert sich drei Jahre lang um ihren Nachwuchs und verteidigt ihn beherzt gegen alle Feinde.

Wie Walross und Karibu einen Tausch machten

Wisst ihr, woher die Tiere kommen, die in der Arktis leben? Die Inuit schufen sie allein mit der Kraft ihrer Worte. Manche Tiere waren von Anfang an gelungen, bei anderen musste nachgebessert werden. So schuf zum Beispiel eine alte Frau *tuktu,* das Karibu, und *aiviq*, das Walross. Um sie lebendig zu machen, legte sie auf den Rücken des einen ihre alte Hose und auf den Rücken des anderen ihre alte Jacke. Die zwei Tiere sahen noch nicht ganz so aus wie heute. Dem Karibu hatte die alte Frau zwei Stoßzähne aus Elfenbein gegeben und dem Walross ein gewaltiges Geweih. Sie war mit ihnen und ihrem Aussehen zufrieden und schickte sie in die Welt hinaus. Bald aber hörte sie, dass die Menschen sich beschwerten. Mit seinem Geweih kippte das Walross Kajaks um, sodass deren Insassen ertranken. Und das Karibu griff mit den Stoßzähnen die Jäger an und tötete sie. So konnte es nicht bleiben! Die alte Frau rief die beiden Tiere zu sich und tauschte etwas aus: Das Geweih steckte sie auf den Schädel des Karibus, und dem Walross rammte sie die Stoßzähne in die Schnauze. Dann schickte sie das erste in das weite Land hinaus und das zweite ins Meer, damit sie einander nie wieder trafen. Es dauerte jedoch nicht lange, und sie musste das Karibu erneut zu sich rufen. Da es nun keine Stoßzähne mehr besaß, um sich zu wehren, war es so scheu geworden, dass es beim geringsten Geräusch davonlief – und zwar so schnell, dass kein Jäger es einholen konnte. Die alte Frau fuhr mit der Hand über sein Fell und verlangsamte damit den Lauf des Karibus. Nun waren die Menschen mit dem Werk der alten Frau zufrieden, denn endlich konnten sie das Karibu jagen, sein Fleisch essen und sich mit seinem Fell kleiden.

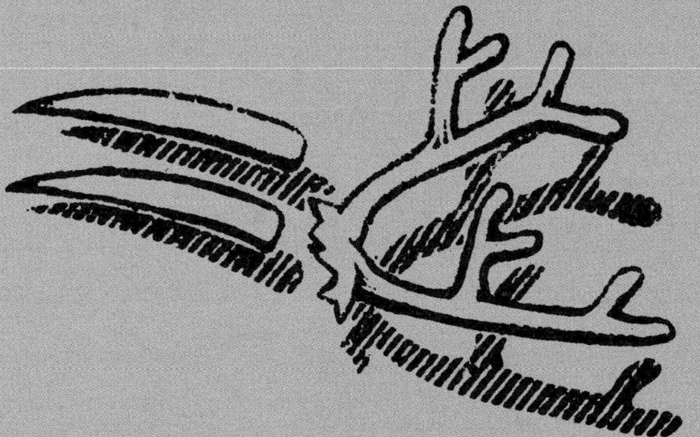

RENTIERE UND KARIBUS

Das Rentier besiedelt die weiten Ebenen im Norden Europas und Asiens, das Karibu lebt in den arktischen Gebieten Nordamerikas. Trotz ihres unterschiedlichen Namens gehören beide ein und derselben Art an.

Diese großen Pflanzenfresser, Mitglieder der Familie der Hirsche, gelten als Wahrzeichen des hohen Nordens. Mit 180 Kilogramm Gewicht sind die Männchen schwerer als die 110 Kilogramm „leichten" Weibchen. Ihr wissenschaftlicher Name lautet *Rangifer tarandus.* Das Wort „Karibu" stammt aus einer Indianersprache und bedeutet „der im Schnee gräbt, um Nahrung zu finden". Und tatsächlich scharrt das Karibu – wie auch das Rentier – mit den Hufen den Schnee weg, um darunter liegende Flechten zu fressen.

Der lange Marsch

Jedes Jahr im Frühling verlassen Rentiere und Karibus die Wälder und wandern Hunderte Kilometer weit nach Norden in die Tundra. Angeführt werden die Herden von trächtigen Weibchen, die es genau zu jenen Plätzen zieht, an denen die Jungen seit Jahrtausenden zur Welt kommen. Den Weibchen folgen die Halbwüchsigen und schließlich die Männchen. Von überallher strömen kleine Gruppen zusammen und vereinigen sich zu riesigen Herden, die Tausende von Tieren zählen.

Neugeborene Kälber

Im Juni werden die Kälber geboren. Bereits wenige Stunden nach der Geburt können sie laufen und sind bald darauf in der Lage, mit der weiter nordwärts ziehenden Herde täglich 10 bis 20 Kilometer zurückzulegen. Sie überwinden Hügel und Täler, Felder und Flüsse. Zahlreiche Tiere – Erwachsene wie auch Junge – sterben unterwegs an Erschöpfung oder Hunger. Und viele werden von Wölfen gerissen.

Geländegängige Hufe

Rentiere und Karibus sind perfekt an ihren Lebensraum angepasst. Ihr stämmiger Körper hält die Wärme, und mit den langen Beinen kommen sie im tiefen Schnee gut voran. Das dicke Winterfell isoliert gegen die Kälte. Als Paarhufer haben die Tiere an jedem Huf zwei Zehen. Diese sind sehr breit und weit spreizbar, weshalb die Tiere nicht so leicht im Schnee einsinken und auch leichter nach Flechten scharren können. Auf dem Eis geben die scharfen Ränder der Hufe Halt, und im Wasser dienen die Hufe als Paddel.

Die Durchquerung von Flüssen stellt Rentiere und Karibus vor eine besondere Herausforderung auf ihren gefahrvollen Wanderungen.
Viele Tiere kommen dabei ums Leben.

Oben: Endlich wieder festes Land! Erleichtert entsteigen die Karibus einem Fluss und damit der Gefahr, von der starken Strömung mitgerissen zu werden.
Unten: Eine Gruppe von Karibus in der offenen Tundra.

Eindrucksvolle Geweihe

Bei Rentieren und Karibus tragen beide Geschlechter Geweihe, was eine Ausnahme in der Familie der Hirsche darstellt. Während der Paarungszeit kommen Männchen und Weibchen zusammen. Je größer das Geweih eines Männchens ist, desto leichter fällt es ihm, die Aufmerksamkeit der Weibchen zu erringen. Bald nach der Paarung werfen die Männchen ihr Geweih ab, während es die trächtigen Weibchen den Winter über behalten. Mit ihm wehren sie zudringliche Männchen ab, da sie diese nicht in ihrem Revier fressen lassen wollen.

Feinde im Anflug!

In der Tundra ist es völlig unmöglich, die üppigen Weidegründe in Ruhe zu genießen! Denn je wärmer es im Sommer wird, desto schlimmer wird die Mückenplage. Ganze Wolken von ihnen fallen nun über die Rentiere und Karibus her. Auch Fliegen stechen sie und legen ihre Eier unter die Haut der Großsäuger. Um die kleinen Quälgeister loszuwerden, galoppieren die Tiere bis zur Erschöpfung, drängen sich in großen Herden dicht an dicht aneinander oder flüchten sich auf die letzten Schneereste. Ein Bad im kühlen Wasser eines Flusses oder Sees kann ebenfalls helfen, die lästigen Insekten für einen Moment abzuschütteln, oder der starke Wind, der häufig über die offenen Ebenen der Tundra weht und Fliegen und Mücken mit sich reißt.

Der Einfluss des Menschen

Seit Tausenden von Jahren leben die Bewohner des hohen Nordens von und mit den Rentieren und Karibus. In Eurasien sind es die Samen, in Nordamerika die Inuit. Früher bauten sie sich aus den Knochen der Tiere Unterstände und schnitzten aus dem Horn der Geweihe Werkzeuge. Heute nutzen die Menschen in erster Linie das Fleisch, die Milch und das Fell ihrer Tiere. Außerdem verwenden die Samen die kräftigen Hirsche als Zugtiere für ihre Schlitten. Sie züchten sie in großen Herden und ziehen im Frühjahr mit ihren Familien und den Rentieren auf die Sommerweiden in die offene Tundra. Hier profitieren die großen Pflanzenfresser von der überaus nahrhaften Vegetation. Im Herbst wandern Mensch und Tier wieder zurück in die geschützteren Wintergebiete. Karibus konnten dagegen nie gezüchtet werden und leben daher nicht so eng mit den Menschen zusammen wie die Rentiere.

Unglück mit Folgen

Seit der Katastrophe von Tschernobyl im Jahr 1986, bei der es zur Explosion in einem ukrainischen Atomkraftwerk kam, ist der Verkauf von Rentierfleisch stark zurückgegangen. Durch den radioaktiven Niederschlag in den nordskandinavischen Gebieten wurden die langlebigen Flechten nachhaltig vergiftet – und auch die Rentiere, die sich im Winter in erster Linie von ihnen ernähren.

Karibu und Wolf kommen in die Welt

Zu Anfang lebten auf der Welt nur ein Mann und eine Frau. Kein einziges Tier lief herum, schwamm im Wasser oder flog am Himmel. Weil sie die Einsamkeit nicht mehr aushielt, bat die Frau Kaila, den Himmelsgott, mehr Lebewesen auf die Erde zu schicken. Dieser antwortete, sie solle auf das Packeis hinausgehen, ein Loch ins Eis schlagen und eine Angel auswerfen. Die Frau tat es und konnte bald Fische und Robben, aber auch Schneehühner, Füchse und alle anderen Tiere aus dem Loch ziehen. Als Letztes zog sie das Karibu mit seinem mächtigen Geweih hervor. „Das hier ist das größte Geschenk, das ich euch mache", sagte Kaila, „denn dieses Tier wird euch am Leben erhalten."

Die Frau befahl dem Karibu, sich zu vermehren und auf der ganzen Welt große Herden zu bilden. Das Karibu gehorchte, und bald konnten die Kinder der Frau und des Mannes jagen, sich vom Fleisch der Tiere ernähren und sich aus den Fellen Kleider und Zelte nähen. Doch die Jäger wählten immer die größten und dicksten Karibus aus. Nach einiger Zeit waren die kranken, kümmerlichen und lahmen Tiere in den Herden zahlreicher als die gesunden. Die Kinder der Frau und des Mannes beklagten sich bei ihren Eltern: Sie hatten Hunger, und ihre Kleider waren schon ganz abgenutzt. Die Frau wandte sich an Kaila und schimpfte: „Das war kein gutes Geschenk! Die Karibus sind schwach und krank geworden, und uns wird es genauso gehen." Kaila erwiderte: „Ich hatte dir etwas Schönes geschenkt, aber deine Kinder haben es verdorben. Doch mach dir keine Sorgen, ich bringe das wieder in Ordnung."

Kaila besuchte Amarok, den Geist der Wölfe, und bat ihn, mit seinen Kindern zu sprechen. Auf Amaroks Befehl hin gingen die Wölfe auf die Jagd und rissen die kümmerlichen und kranken Karibus. Bald herrschten in den Herden wieder gesunde, kräftige Tiere vor. Seit diesem Tag achten die Inuit die Wölfe und lassen sie in Ruhe jagen.

DIE MOSCHUSOCHSEN

Felszeichnungen aus der Steinzeit scheinen plötzlich lebendig geworden zu sein! Diese urtümlichen Tiere sehen aus, als würden sie gleich angreifen. Dabei drängen sie sich nur eng aneinander, um den Schneesturm zu überstehen.

Moschusochsen *(Ovibos moschatus)*, die zur Familie der Büffel gehören, leben ganzjährig in der Tundra. Sie werden 200 bis 300 Kilogramm schwer und erreichen eine Schulterhöhe von 1,30 Meter. Sie sind mit den Ziegenartigen (Ziegen, Gämsen und Steinböcke) verwandt und die einzigen Vertreter der Gattung *Ovibos*. Die Inuit nennen sie *omingmak:* „Tier, dessen Fell wie ein Bart ist".

Herren der Tundra

Das dichte, braune Fell schützt die Moschusochsen vor der extremen Kälte. Als einzige Großsäuger bleiben sie auch den Winter über in der Tundra. Wenn ein Schneesturm aufzieht, bildet die Herde ein Dreieck, und die Tiere stellen sich mit der Nase in den Wind. Anschließend profitieren sie von den Pflanzen, die der Sturm freigelegt hat. Ihre Nahrung finden sie selbst in der Finsternis der Polarnacht dank ihres gut entwickelten Geruchssinns und der scharfen Augen. Sowohl Männchen als auch Weibchen tragen beeindruckende gebogene Hörner, die besonders bei den Männchen über der Stirn einen dicken Wulst bilden.

Kämpfende Bullen

Im Spätsommer beginnen die männlichen Tiere um die Weibchen zu kämpfen. Nachdem sie versucht haben, den Gegner einzuschüchtern, nehmen sie Anlauf und rammen sich gegenseitig mit dem Schädel. Während der Brunftzeit verströmen die Männchen einen starken Moschusgeruch, dem die Art den deutschen Namen verdankt.

Erfolgreiche Verteidigung

Werden Moschusochsen von einem Wolfsrudel angegriffen, flüchten sie nicht, sondern wenden eine wirksame Verteidigungsstrategie an: Die erwachsenen Tiere bilden einen Kreis, in dessen Mitte die Kälber stehen. Natürlich können sie mit dieser Strategie nichts gegen die Gewehre der Menschen ausrichten. Von jeher werden die Tiere von den Inuit gejagt, die aber immer nur wenige töten, um ihren Bedarf an Fleisch und Fellen zu decken. Europäische Jäger dagegen schlachteten die Tiere in großer Zahl ab. Zum Glück wurde die Art schließlich unter Schutz gestellt und konnte sich erholen.

KLEINTIERE DER ARKTIS

Selbst im Schneesturm spitzt der Schneehase die langen Ohren und gräbt sich auf der Suche nach Nahrung durch den Schnee. Die Lemminge dagegen bleiben lieber unter dem Eis, aber selbst dort können die Wölfe sie aufspüren.

Schneehasen und Lemminge sind in der Tundra weit verbreitet. Sie stellen wichtige Glieder der Nahrungskette dar. Ihre Hauptfressfeinde sind Füchse und Wölfe.

Der Schneehase

Mit rund fünf Kilogramm Gewicht und etwa 70 Zentimeter Körperlänge wirkt der Schneehase ziemlich groß für einen Hasen. Sein Fell ist blendend weiß.

Die Tiere leben in Kolonien. Sie halten keinen Winterschlaf, denn ihr isolierendes Fell ermöglicht ihnen das Überleben selbst in großer Kälte. Um jedoch beim Ruhen nicht zu viel Wärme abzustrahlen, rollen sich die Hasen zu einer kleinen Kugel zusammen, drehen dem Wind den Rücken zu und klappen die Ohren über ihr Gesicht.

Versuche von Polarfüchsen, erwachsene Schneehasen zu fangen, schlagen meist fehl. So ist ihr eigentlicher Feind der Wolf. Wenn Schneehasen nach Raubtieren Ausschau halten, können sie kurze Strecken allein auf den Hinterbeinen zurücklegen.

Die Lemminge

Diese Nagetiere werden 15 Zentimeter lang und 50 bis 100 Gramm schwer. Trotz ihrer geringen Größe bleiben sie den ganzen Winter über aktiv. Manche Arten behalten ganzjährig ein braun-beiges Fell. Andere sind den Sommer über gestreift und im Winter ganz weiß. Diese nordischen Verwandten der Mäuse graben Tunnel durch den Schnee bis zum Boden, um dort nach Fressbarem zu suchen. Hier unten sind sie vor der strengsten Kälte geschützt. An die Oberfläche kommen sie im Winter nie, denn dort ist es mit −40 °C noch um einiges kälter als in den −25 °C „warmen" Tunneln. Bereits wenige Wochen nach ihrer Geburt können Lemminge selbst wieder Nachwuchs bekommen. Ihre Zahl steigt daher innerhalb eines vierjährigen Zyklus stark an. Die jeweilige Größe ihres Bestands beeinflusst auch die Bestände ihrer Fressfeinde, zu denen Polarfüchse, Schneeeulen, Hermeline und gelegentlich auch Wölfe zählen.

Oben: Dank seines tarnenden weißen Fells fügt sich der Schneehase perfekt in seine Umgebung ein.
Unten: Ein Lemming auf dem Eis.

Der Rabe und der Wal

Vor langer Zeit schuf der Große Geist Rabe die Erde, die Tiere und die Menschen. Als er alles erschaffen hatte, war er mit seinem Werk so zufrieden, dass er beschloss, auf der Erde zu leben, um seine Geschöpfe stets um sich zu haben. Obwohl er sehr weise war, wusste er nicht alles, war aber sehr neugierig auf all das, was er nicht kannte. Eines Tages sah er im Meer einen majestätischen Wal schwimmen und fragte sich: „Wie mag die Welt wohl aussehen, wenn man sie aus dem Inneren eines Wals heraus betrachtet?" Er flog zum Wal, wartete, bis dieser gähnte, und schlüpfte in sein riesiges Maul. Immer weiter drang er in den Wal vor. Rings um ihn herum erhoben sich die weißen Rippen wie Säulen, und mitten im Bauch sah er eine tanzende junge Frau. An ihren Handgelenken und Knöcheln waren lange Riemen befestigt, die zum Herzen des Wals verliefen. Auf der Stelle verliebte sich Rabe in sie und wollte, dass sie mit ihm kam.

„Das geht nicht", sagte die junge Frau, „denn ich bin die Seele des Wals. Doch wenn du bleibst, werde ich für dich tanzen." Rabe setzte sich also hin und sah ihr zu. Wenn sich die Frau schnell bewegte, flitzte der Wal hinter Fischen her. Wenn sie hüpfte, sprang auch der Wal aus dem Wasser. Wurde sie langsamer, schwamm das Tier ruhig dahin. Bald war der Tanz so langsam, dass der Wal zu schwimmen aufhörte und einschlief. Rabe nutzte die Gelegenheit, packte die Tänzerin am Arm und zog sie hinter sich her, ohne ihren Protest zu beachten.

Vom Himmel aus sah er, dass der Wal, den nun nichts mehr belebte, strandete und starb. Als das Tier seinen letzten Atemzug getan hatte, löste sich auch die junge Frau in Luft auf. So lernte der Große Geist, dass alles, was lebendig ist, eine Seele hat und dass alles, was auf der Erde lebt, geboren wird und stirbt. Zum ersten Mal verspürte er eine große Traurigkeit, vergoss die ersten Tränen, die jemals zu Boden fielen, und begann zu singen.

DER BUCKELWAL

Knapp unter der Oberfläche des spiegelglatten Meeres zeichnet sich ein riesiger Schatten ab. Ein Hinterkopf erscheint, dann ein Wasserstrahl. Eine Weile ist es ganz still, dann taucht plötzlich die Schwanzflosse des Wales auf.

Der Buckelwal ist ein Meeressäuger aus der Familie der Furchenwale. Seinen Namen erhielt er, weil er den Rücken beim Abtauchen stark wölbt, also einen Buckel macht. Sein wissenschaftlicher Name lautet *Megaptera novaeangliae*. Er leitet sich von seinen großen Brustflossen ab, denn *megaptera* bedeutet „großer Flügel".

Das Maul voll Barten

Dieses gewaltige, 25 bis 35 Tonnen schwere und bis zu 15 Meter lange Tier besitzt keine Zähne, sondern Barten – lange, dünne, am Oberkiefer angewachsene Hornplatten. An ihnen bleiben die kleinen Krebse (der so genannte Krill) und Fische hängen, von denen sich der Wal ernährt: Zuerst füllt der Buckelwal sein Maul mit Hunderten von Litern Meerwasser, bis seine gefurchte Kehle prall gespannt ist. Dann drückt er das Wasser mit der Zunge aus dem Maul. Dabei bleiben Tausende winziger Beutetiere an den Barten hängen, die der Wal sofort schluckt. Buckelwale schwimmen langsam und gehen gewöhnlich 10 bis 30 Minuten lang auf Tauchgang.

Gute Fischer

Die Wale verfolgen eine gute Jagdstrategie: Zu mehreren schwimmen sie unter einen Schwarm Fische oder Krill und stoßen dann durch ihre Blaslöcher Luft aus. Die vielen kleinen Luftblasen bilden ein Netz, das weder Fische noch Krebse durchschwimmen können. Die Wale steigen dann mit geöffnetem Maul auf und verschlingen ihre Beute.

Unermüdliche Wanderer

Den Sommer verbringt der Buckelwal in Gruppen von etwa einem Dutzend Tieren in den kalten, nahrungsreichen Gewässern der Arktis. Hier findet er genügend Beute, um sich Fettreserven anzulegen. Im Herbst wandert er bis zu 5000 Kilometer weit in den Süden, um in der warmen Karibik zu überwintern. Hier finden auch die Paarungen statt. Nun vollführen die Buckelwale akrobatische Luftsprünge, und die Männchen stimmen ihre melodischen Gesänge an, die noch bis in 300 Kilometer Entfernung ertönen. Diese Lieder sind die längsten und komplexesten im gesamten Tierreich.

DER GRÖNLANDWAL

Grönlandwale schwimmen am Rand des Packeises entlang. Ihr Körper scheint so endlos groß, dass man Mühe hat, Auge und Maul zu finden. Wo hört eigentlich der Kopf auf, und wo beginnt der Körper?

Der Grönlandwal gehört zur Familie der Glattwale und heißt mit wissenschaftlichem Namen *Balaena mysticetus*. Seine besonderen Kennzeichen sind der weiße Kehlfleck und der hoch gewölbte Kopf. Er wird bis zu 20 Meter lang und 100 Tonnen schwer. Sein Maul ist riesengroß: sechs Meter lang und drei Meter breit. Es ist bestückt mit 400 bis 600 Barten, die über vier Meter lang werden.

Dauergast in der Arktis

Dieses durch eine 70 Zentimeter dicke Fettschicht vor dem eisigen Wasser geschützte Tier ist der einzige große Wal, der die Polarregion niemals verlässt. Im Winter folgt er der Ausdehnung der Eisgrenze nach Süden und kehrt, sobald die Tauphase einsetzt, in den Norden zurück. Wenn er sich auf der Suche nach Fressbarem unter das Eis wagt, hält er ständig Stimmkontakt mit seinen Artgenossen, um sich nicht zu verirren oder um ihnen den Weg zu weisen.

Luft in den Lungen

Wie alle Säugetiere atmet auch der Grönlandwal mit seiner Lunge und muss deshalb regelmäßig an die Oberfläche kommen, um frische Luft einzuatmen. Mit der Schwanzflosse, die er senkrecht auf und ab bewegt, treibt er sich bis zur Wasseroberfläche empor, um dort die verbrauchte Luft durch die beiden Blaslöcher auf dem Kopf auszustoßen. Dabei entsteht eine bis zu vier Meter hohe Säule aus Wasserdampf, die „Blas“ genannt wird. Beim Abtauchen verschließt der Wal die Blaslöcher mit dichten Klappen, damit kein Wasser in die Lungen eindringt.

Gefährdet

Grönlandwale wurden so stark bejagt, dass sie zu Beginn des 20. Jahrhunderts beinahe ausgestorben wären. Der derzeitige Bestand wird auf einige Tausend Tiere geschätzt. Seit 1946 wird die Art durch das Abkommen der Internationalen Walfangkommission geschützt. Jedoch genießen die Inuit das Recht, Grönlandwale auf traditionelle Weise zu jagen. Heute sind die Tiere vor allem durch die chemischen und radioaktiven Stoffe gefährdet, die durch die Strömungen bis in die Arktis gelangen. Auf längere Sicht bedrohen auch die Klimaerwärmung und das Schwinden des Eises die großen Wale, die auf diese Weise ihre Jagdgründe verlieren.

DER BELUGA

Gespenstische weiße Gestalten treiben senkrecht im Wasser, als wären sie darin aufgehängt. Sie bewegen sich nur langsam und träge im Rhythmus der Klicklaute, die sie unentwegt ausstoßen.

Der Beluga gehört zur Gruppe der Zahnwale, er besitzt also Zähne. Zusammen mit dem Narwal bildet er die Familie der Gründelwale. Sein Name stammt vom russischen Wort *bieluga* ab, das „weißes Geschöpf“ bedeutet. Sein wissenschaftlicher Name lautet *Delphinapterus leucas*.

Ein Wal mit Zähnen

Belugas fressen Fische und Krebstiere, die sie vor allem im Sommer fangen. Neben den Zähnen zeichnet sich die Art durch ein einziges Blasloch auf dem Kopf sowie die so genannte Melone aus. Sie kommt bei der Echoortung zum Einsatz, die dem Wal hilft, sich unter dem Eis zu orientieren. Der Beluga zählt mit einem Gewicht von 1,5 Tonnen und einer Länge von 3 bis 4,5 Metern zu den kleineren Vertretern der Wale. Die Fettschicht, die 40 Prozent seines Gewichts ausmacht, schützt ihn vor der Kälte des eisigen Wassers. Anders als Delfine etwa besitzt er keine Rückenflosse und kann deshalb dicht unterhalb der Eisdecke schwimmen, ohne sich dabei zu verletzen. Ist die Eisdecke nicht dicker als 15 Zentimeter, gelingt es ihm, sie mit dem Kopf zu durchbrechen.

Singfreudiger Wal

Belugas verbringen das ganze Jahr in den arktischen Gewässern. Sie leben in kleinen Gruppen von etwa zehn Tieren. Die Wale sind sehr gesellig und geben ständig Lautäußerungen von sich. Dazu gehören Schreie und Triller sowie Klicklaute und Pfiffe. Wegen seines Gesangs trägt der Beluga den Spitznamen „Kanarienvogel des Meeres“.

Belugas paaren sich alle drei Jahre, stets im Frühjahr. 14 Monate später bringt das Weibchen ein dunkelgrau gefärbtes Junges zur Welt. Die Mutter schiebt ihr Baby sofort an die Wasseroberfläche, damit es atmen kann. Die weiße Färbung nehmen Jungtiere erst mit acht Jahren an.

Sinkender Bestand

Die Zahl der Belugas ging aufgrund der vehementen Bejagung durch den Menschen stark zurück. Der derzeitige Bestand wird auf rund 30 000 Tiere geschätzt. In manchen Bereichen der arktischen Gewässer leiden sie stark unter der Wasserverschmutzung. Außerdem machen ihnen die von Schiffen ausgehenden Schallwellen zu schaffen.

Die Geburt des Narwals

Eine alte Frau lebte mit ihrem blinden Enkel Taqqiq und ihrer Enkelin Siqiniq zusammen. Die Eltern waren im Winter gestorben, und seither litten die drei bittere Not. Die Großmutter mochte ihren blinden Enkel nicht. Sie weigerte sich, mit ihm die Fleischvorräte der Familie zu teilen, und schimpfte und schlug ihn aus nichtigem Anlass. Eines Morgens bat der Junge seine Schwester, ihn zu einem See zu führen, an dem Vögel lebten. Als sie die Stelle erreicht hatten, sagte er, sie solle ihn nun allein lassen und auf dem Weg nach Hause *inuksuit* aufschichten, kleine Steinhaufen, damit er später zurückfand. Kaum war das Mädchen gegangen, kam ein Vogel ans Ufer und ließ den Jungen auf seinen Rücken steigen. Auf der Mitte des Sees angelangt, tauchte er mit seinem Passagier in die Tiefe. Als sie wieder zur Oberfläche kamen, meinte Taqqiq, um ein Haar ertrunken zu sein, doch plötzlich erkannte er ein schwaches Licht. Nach dem zweiten Tauchgang konnte er bereits die Umrisse der Hügel und Täler wahrnehmen, und nach dem dritten Mal sah er so scharf, als sei er nie blind gewesen. Der Vogel brachte ihn wieder ans Ufer, und der Junge kehrte in sein Dorf zurück.

An einem Sommertag brach der Junge auf, um Belugas zu jagen, die zum Fressen nahe ans Packeis heranschwammen. Die Wale waren nicht scheu und näherten sich neugierig dem Kajak. Taqqiq fing viele Belugas und kehrte voller Stolz nach Hause zurück; nun würden sie genügend Fleisch und Fett für den Winter haben. Doch die Großmutter war wieder einmal unzufrieden und wollte ihren Enkel am folgenden Tag auf die Jagd begleiten.

Gemeinsam fuhren sie los. Die alte Frau schlug vor, sich ein Seil um den Leib zu schlingen und das andere Ende mit Taqqiqs Harpune zu verknoten, sodass sie die Tiere leichter zum Kajak heranholen konnte. Sie schärfte ihrem Enkel ein, nur auf kleine Tiere zu zielen, damit sie nicht ins Meer gerissen wurde, doch der Junge schleuderte seinen Speer nach einem riesigen weißen Wal, der die böse Großmutter ins eisige Wasser zog. Als der Beluga sie mit sich zum Meeresboden nahm, verwandelte sich einer ihrer Zöpfe zu einem langen Stoßzahn aus Elfenbein: Sie war zum Narwal geworden.

DER NARWAL

Diese seltsamen Wale besitzen die längsten Zähne im gesamten Tierreich. Manchmal sieht man von ihnen nur diese Stoßzähne, die geradewegs über das Wasser zu tanzen scheinen.

Wegen seines langen, gedrehten Stoßzahns wird der Narwal auch „Einhorn der Meere" genannt. Sein wissenschaftlicher Name *Monodon monoceros* spielt ebenfalls auf den auffälligen Zahn an. Bei den Inuit heißt er *qilalugat tugaliit.* Obwohl er mit seiner grau gefleckten Haut dem weißen Beluga nicht sehr ähnlich sieht, bildet er mit ihm zusammen die Familie der Gründelwale.

Waffe aus Elfenbein

Unvermittelt ragt ein langer, spitzer Zahn aus dem Wasser und zeugt von der Anwesenheit des Narwals. Diese Tiere besitzen nur ein einziges, waagerecht wachsendes Zahnpaar. Beim Männchen entwickelt sich der linke Zahn zu einem bis zu 2,5 Meter langen und zehn Kilogramm schweren Stoßzahn.

Im Alltag der Narwalmännchen ist der lange Stoßzahn eher lästig. Die Tiere benutzen ihn, um damit in der Paarungszeit Kontrahenten abzuwehren. Allerdings sind sie nicht sehr aggressiv. Oft genügt es schon, wenn die Gegner einander ihre Zähne zeigen. Der Kontrahent mit dem kleineren Zahn flieht meist, bevor es zum Kampf kommt.

Leben im Eiswasser

Narwale verbringen das ganze Jahr über in arktischen Gewässern. Sie bilden kleine Gruppen und ernähren sich von Fischen und Wirbellosen. Bei der Jagd schwimmen sie Seite an Seite und versperren ihrer Beute so den Fluchtweg. Untereinander kommunizieren sie durch Laute und Rufe. Da ihnen eine Rückenflosse fehlt, schwimmen sie mitunter dicht unter dem Eis, etwa um Schwertwalen zu entkommen. Wird eine Gruppe von Narwalen vom Packeis eingeschlossen, halten sie ein Atemloch frei, das sie abwechselnd zum Luftholen benutzen, bis sie einen Ausweg aus ihrem Gefängnis gefunden haben.

Narwal und Mensch

Die Inuit jagen Narwale wegen der Haut, des Fleisches, das sie gerne roh essen, und der Stoßzähne, aus denen sie früher Schnitzereien anfertigten. Auch Europäer machten wegen der Stoßzähne auf die Narwale Jagd. Heute ist das „Einhorn der Meere" geschützt, und es dürfen jährlich nur noch sehr wenige Tiere erlegt werden.

Die Schnee-eule und der Kolkrabe

Als die Erde noch ganz jung war, trugen alle Vögel ein Gefieder, das so weiß wie frisch gefallener Schnee war. Zwei von ihnen trafen sich regelmäßig, um miteinander zu spielen. Es waren *ukpik*, die Schneeeule, und *tulugaq*, der Kolkrabe. Ihr Lieblingsspiel hieß *inugait* und bestand darin, Szenen aus dem täglichen Leben mit den Knochen einer Robbenflosse nachzustellen. Später sollte der Kolkrabe dieses Spiel den Inuit zeigen, denen es viel Freude bereitete. Eines Tages aber hatten die Schneeeule und der Kolkrabe genug von dem Spiel und dachten über eine neue Beschäftigung nach. „Schneeeule, ich habe eine Idee", sagte der Kolkrabe. „Wärest du nicht gerne noch schöner, als du es jetzt schon bist?" Die Schneeeule horchte auf und wartete neugierig darauf, dass der Rabe weitersprach, doch der flog davon.

Wenig später kehrte er mit einem Topf zurück, der eine Mischung aus Robbenfett und Ruß enthielt, und malte damit auf die Federn seines Freundes hübsche Muster. Als er sein Werk beendet hatte, bewunderte die Schneeeule ihr Spiegelbild in einem Eisblock und fand sich wunderschön. Sie lobte den Künstler und schenkte ihm zum Dank ein paar Stiefel aus feinstem warmem Robbenfell. Der Rabe zog sie sogleich an und sprang vergnügt damit umher. Nun ergriff die Schneeeule den Pinsel und wollte ihren Freund anmalen, doch der freute sich so sehr über die neuen Stiefel, dass er einfach nicht stillhalten konnte. Er lief kreuz und quer, hüpfte von einem Fuß auf den anderen, sprang hierhin und dorthin, bückte sich und reckte sich, bis die Schneeeule so erbost darüber war, dass sie den Topf mit der schwarzen Farbe über dem Kolkraben auskippte. Seit jenem Tag sind alle Raben ... rabenschwarz.

VÖGEL IM SCHNEE

Der tiefschwarze Kolkrabe teilt sich den Himmel über der Tundra mit einigen anderen Vogelarten. Mit ihrem weißen Gefieder sind die Schneeeule und das Schneehuhn wahre Meister der Tarnung im Schnee.

Der Kolkrabe

Der Kolkrabe *(Corvus corax)* ist das größte Mitglied der Familie der Rabenvögel: Er wiegt 1,2 Kilogramm, wird 65 Zentimeter lang und hat eine Spannweite von über einem Meter. Der schwarze Vogel kommt in arktischen Regionen ebenso vor wie in vielen trockenen, gebirgigen und waldreichen Gebieten auf der ganzen Welt. Er ist ein kräftiger und ausdauernder Flieger, der auf der Futtersuche täglich rund 90 Kilometer zurücklegt. Je nachdem, was der jeweilige Lebensraum ihnen so bietet, ernähren sich Raben von Tierkadavern, Eiern, Nagetieren, Insekten oder Muscheln.

Die Schneeeule

Die Schneeeule *(Nyctea scandiaca)* hat eine Spannweite von 1,5 Metern und ein Gewicht von bis zu zwei Kilogramm. Sie sucht im Frühjahr ihre Brutplätze in der Tundra auf und zieht im Herbst nach Süden. Die arktische Kälte kann den Vögeln nichts anhaben, denn das dicht isolierende Gefieder hält sie schön warm. Außerdem stellt das Federkleid, das beim Weibchen leicht gemustert und beim Männchen reinweiß ist, in der Arktis eine gute Tarnung dar. Anders als die meisten Eulenarten gehen Schneeeulen nicht nur nachts auf die Jagd, sondern auch tagsüber. Das ist sinnvoll, da die Sonne im arktischen Sommer so gut wie gar nicht untergeht. In der Tundra bilden Lemminge die wichtigste Beute der großen Vögel.

Das Alpenschneehuhn

Das 40 Zentimeter große, 60 Gramm schwere Alpenschneehuhn *(Lagopus mutus)* ist ein sehr widerstandsfähiger Vogel. Da er sein Federkleid dreimal im Jahr wechselt, ist er zu allen Jahreszeiten gut getarnt. Gleich nach der Schneeschmelze bekommt das Weibchen ein braun, schwarz und weiß gestreiftes Gefieder. Sein Nest baut es in der Tundra zwischen Gräsern und Steinen. Im Herbst wechselt das Gefieder erneut und wird grau, später im Jahr dann weiß. Weil auch die Zehen gefiedert sind, kann das Alpenschneehuhn selbst in tiefem Schnee gut laufen. Im Herbst verlassen die Vögel den hohen Norden und überwintern in südlicheren Gebieten.

Oben: Ein Schneeeulenpaar mit Beute.
Unten links: Ein Kolkrabe; unten rechts: ein Schneehuhn.

DICKSCHNABELLUMMEN

Beim Tauchen führen die Lummen ein eigenartiges Ballett auf: Sie wirbeln im Wasser herum und schlagen wie beim Fliegen mit den Flügeln. An Land kommen sie nur zum Brüten. Dann bewachen sie unermüdlich ihre Eier.

Die schwarz-weiß gefiederte Dickschnabellumme *(Uria lomvia)* gehört zur Familie der Alken. Der rundliche Vogel hat Schwimmhäute zwischen den Zehen; er wird 30 Zentimeter lang und rund ein Kilogramm schwer. Zum Brüten suchen die Lummen die arktischen Gebiete Kanadas sowie Alaska und Grönland auf. Im August verlassen sie die Arktis und fliegen Richtung Süden.

Flinke Schwimmer

Am Boden wirken sie ungeschickt, doch im Wasser sind sie unschlagbar: Dickschnabellummen halten sich den Großteil des Jahres auf hoher See auf. Sie können mehrere Minuten lang tauchen und wagen sich bis in mehr als 100 Meter Tiefe vor, um kleine Fische, Tintenfische und Krill zu fangen. Unter Wasser „fliegen“ sie regelrecht, indem sie mit den Flügeln schlagen. Das Starten vom Wasser aus dagegen fällt ihnen wegen ihrer kurzen Flügel schwer, sodass die Vögel auf der Meeresoberfläche erst einen Anlauf nehmen müssen. Sind sie dann aber in der Luft, erreichen sie Fluggeschwindigkeiten von bis zu 75 Kilometern in der Stunde.

Ein einziges Ei

Umgeben vom ohrenbetäubenden Lärm der Kolonien legen die Weibchen jeweils ein birnenförmiges Ei auf einen Felsvorsprung. Trotz der an die nackte Unterlage angepassten Form fallen viele Eier zu Boden. Beide Altvögel wechseln sich beim Brüten ab und versuchen ihren Nachwuchs vor den Angriffen von Möwen, Raben und anderen Vögeln sowie kletternden Füchsen zu schützen. Das Junge schlüpft einen Monat später und wird von den Eltern noch etwa drei Wochen lang versorgt, bis schließlich die gesamte Kolonie aufbricht und die Brutplätze verlässt.

Früher Zug

Den Winter verbringen die Lummen in den Gewässern vor Neufundland. Sie sind die einzigen Vögel der Welt, die den ersten Abschnitt ihres Zuges schwimmend zurücklegen. Das liegt daran, dass die Jungen erst mit eineinhalb Monaten flügge werden. In Begleitung ihrer Väter, die sie unterwegs füttern, schwimmen sie ungefähr 1000 Kilometer weit, bis sie endlich fliegen können.

DIE KLIMAERWÄRMUNG

Die Arktis hat einen erbitterten Feind: den Menschen. Er bringt durch die Neuerungen, die er einführte, durch geheizte Bauwerke und vieles mehr die weiße Welt zum Schrumpfen und damit ihre Bewohner in Gefahr.

Die Klimaforscher sind sich einig darüber, dass die Durchschnittstemperaturen auf der Erde ansteigen. Die Folgen der Erwärmung sind am Nordpol mit bloßem Auge erkennbar: Das Eis schmilzt. In dieser Welt der Extreme zieht der Klimawandel Schäden nach sich, die nicht wieder gutzumachen sind.

Der Treibhauseffekt

Die Erde verdankt all ihre Energie der Sonne. Einen Teil davon nimmt sie in sich auf, den Rest gibt sie in Form von Infrarotstrahlen wieder ab. Die in der Erdatmosphäre enthaltenen, durch Vorgänge in der Natur entstandenen Treibhausgase leiten einen Teil dieser Strahlen wieder zurück. Dies führt zur Erhöhung der Temperaturen an der Erdoberfläche und bewirkt, dass auf der Erde eine weltweite Durchschnittstemperatur von 15 °C herrscht. Doch der Mensch stört das Gleichgewicht der Natur. Vieles, was zum modernen Leben gehört, trägt zu einer erhöhten Menge an Treibhausgasen bei, die sich in der Erdatmosphäre ansammeln und zu einer immer stärkeren Klimaerwärmung führen.

Alarm am Nordpol

In der Arktis sind die Folgen des Klimawandels nur allzu sichtbar: Die Fläche der Eiskappe ging zwischen 1978 und 2005 von 7,5 Millionen auf 5,32 Millionen Quadratkilometer zurück. Seit sie von Satelliten vermessen wird, war sie nie kleiner. Schon fürchten Forscher, dass es noch vor Ende dieses Jahrhunderts im Sommer kein Eis mehr geben wird. In den letzten vier Jahren lagen die Durchschnittstemperaturen in den Monaten Januar und August um jeweils 2 bis 3 °C höher, und die Eisbildung im Winter fiel um 20 Prozent geringer aus.

Eine verminderte Ausdehnung des Packeises, später auftretender Frost und früher einsetzende Schneeschmelze bedrohen das Überleben vieler Tierarten. Zu ihnen zählen Eisbären, Moschusochsen, Eismeer-Ringelrobben und Grönlandwale. Wenn das Eis im Frühjahr zwei Wochen früher schmilzt, haben zum Beispiel die Eisbären zwei Wochen weniger Zeit, Fettreserven anzulegen, was wiederum dazu führt, dass sie im Sommer, in dem sie weniger jagen, zu stark abmagern.

INHALT

Die Arktis lebt! 7
Die Welt der Arktis 8
Karte: Die Arktis im Sommer 10
Der Polarfuchs und der Kolkrabe 13
Die Jäger der Arktis 14
Die Bärin, die zum Sternbild wurde 17
Der Eisbär 18
Die Legende von Sedna 23
Die Robben 24
Das Walross 26
Wie Walross und Karibu einen Tausch machten 29
Rentiere und Karibus 30
Karibu und Wolf kommen in die Welt 35
Die Moschusochsen 36
Kleintiere der Arktis 38
Der Rabe und der Wal 41
Der Buckelwal 42
Der Grönlandwal 44
Der Beluga 46
Die Geburt des Narwals 49
Der Narwal 50
Die Schneeeule und der Kolkrabe 53
Vögel im Schnee 54
Dickschnabellummen 56
Die Klimaerwärmung 58

Bildnachweis:

Linolschnitte und Karte der Arktis, S. 10–11: Philippe Roux

Umschlagfoto: © Le Cercle Noir pour Fidelio nach Fotos von Catherine Marion / Pôle d'images und Jef Maion / Nomads' Land

Vorsatzpapier: © Jean Lemire; Nachsatzpapier: © Jean Lemire

S. 5: © Rémy Marion; S. 6: © Jean Lemire; S. 9: © Jean Lemire; S. 12: © Gilg & Sabard / GREA; S. 15: Wolf, © Rémy Marion; Fuchs, © Gilg & Sabard / GREA; S. 16: © Rémy Marion; S. 19: © Jean Lemire; S. 20: Eisbär im Wasser, © Jean Lemire; Geburt, © BBC Motion Pictures; S. 22: © Gilg & Sabard / GREA; S. 25: Seehundbaby, © Rémy Marion; Klappmütze, © Rémy Marion; S. 27: Walrossgruppe, © Xavier Desmier; Walross, © Gilg & Sabard / GREA; S. 28: © Xavier Desmier, RAPHO; S. 31: © Xavier Desmier, RAPHO; S. 32: Karibu springt aus dem Wasser, © Xavier Desmier, RAPHO; Karibus im Schnee, © Rémy Marion; S. 34: © Jean Lemire; S. 37: Gilg & Sabard / GREA; S. 39: Schneehase, © Rémy Marion; Lemming, © Bengt Lundberg / NATURE PL / JACANA; S. 40: Buckelwal, © Martha Holmes / NATURE PL / JACANA; S. 43: © Sylvain Cordier / JACANA; S. 45: © Marc Gadoury; S. 47: © Günter Ziesler / JACANA; S. 48: © Rémy Marion; S. 51: © Rémy Marion; S. 52: © Sabine Raman / AGE FOTOSTOCK / HOA-QUI; S. 55: Schneeeulenpaar, © Gilg & Sabard / GREA; Kolkrabe, © Arthur TABOR / NATURE PL / JACANA; Schneehuhn, © Jean-Eric Pasquier / RAPHO; S. 57: © Jean Lemire; S. 59: © Xavier Desmier / RAPHO; S. 61: © Xavier Desmier / RAPHO; Umschlagrückseite: © Xavier Desmier / RAPHO.